Spargel

AUTORIN: CORNELIA SCHINHARL | FOTOS: ULRIKE SCHMID, SABINE MADER

Praxistipps

Extra

Rezepte

Saftige Stangenenden

Spargelköpfe

Spargel richtig lagern

Richtig eingekauft und aufbewahrt

1 Das Aussehen gibt einen ersten Hinweis auf die Frische des edlen Gemüses. Die Stangen müssen knackig sein und eine glatte, feste Außenfläche haben. Die Schnittstellen sehen saftig und keinesfalls strohtrocken aus. Außerdem sollten die Köpfe bzw. Spitzen von weißem Spargel geschlossen sein – ein untrügliches Zeichen dafür, dass diese nicht bereits durch die Erde gebrochen waren, sondern die Stangen zum richtigen Zeitpunkt gestochen wurden. Da grüner Spargel immer aus der Erde schaut, sind seine Köpfe auch etwas geöffnet.

2 Wer den Frischetest vom Händler vorgeführt bekommt oder sogar selbst ran darf, kann mehr feststellen: Ritzt man die Schnittstelle der Stange mit dem Fingernagel ein, tritt etwas Flüssigkeit aus. Reibt man die Stangen aneinander, quietschen sie.

3 Wer die Wahl hat, kauft Spargel lieber lose und nicht als Bund. So kann man schon ältere Stangen besser erkennen und gleich aussortieren.

4 Auf vielen Märkten gibt es inzwischen einen besonderen Service: Die Spargelstangen werden vor Ort geschält. Wenn Sie den Spargel am selben Tag zubereiten und er wirklich erst beim Kauf von der Schale befreit wird, spricht nichts dagegen.

5 Kaufen Sie, wenn möglich, nur so viel Spargel ein, wie Sie innerhalb von drei bis vier Tagen auch essen. Spargel lässt sich zwar auch länger lagern, schmeckt aber umso besser, je frischer er ist.

So bleibt Spargel frisch

Der Spargel sieht so toll aus, dass Sie gerne für mehrere Mahlzeiten einkaufen wollen? Kein Problem: Halten Sie ein Küchentuch unter den kalten Wasserstrahl und wringen Sie es aus. In dieses Tuch gewickelt können die Stangen im Kühlschrank bis zu vier Tage auf ihren Einsatz warten. Nicht so gut: in Folie aufheben. Denn darin schwitzt das Gemüse und beginnt leicht zu faulen. Geschält kann man frischen Spargel auch einfrieren. Am besten zuerst auf einem Tablett vorfrieren, damit die Stangen nicht aneinander kleben, dann erst in Tüten verpacken. Zum Garen die gefrorenen Stangen ins kochende Wasser legen. Kürzer garen als frische.

Bunte Spargelvielfalt

Weißer Spargel Er wächst in lockerer sandiger Erde, die zu Dämmen aufgeschichtet wurde. Zeigt sich in der Erde ein feiner Riss, weiß der erfahrene Spargelstecher, dass der Kopf kurz vor dem Durchbrechen ist. Genau dann legt bzw. sticht er den Spargel vorsichtig frei und trennt ihn ab. Spargel wird vor allem nach seiner reinweißen Farbe und der Dicke der Stangen in Qualitätsstufen unterteilt. Ob man dünne oder dicke Stangen bevorzugt, ist Geschmackssache, dicke lassen sich besser schälen.

Grüner Spargel, Thai-Spargel, Wildspargel

Weißer Spargel

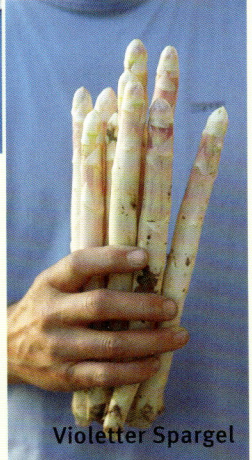

Violetter Spargel

Violetter Spargel Manchmal hat er nur leicht violett angehauchte Spitzen, ab und zu ist das ganze obere Ende violett gefärbt. Es kommt darauf an, wie weit er aus der Erde geschaut hat. Diese Sorte ist fast immer etwas herber als die weiße und oft auch mit einer leichten Bitternote versehen. Sie können Sie stets statt der reinweißen verwenden. Es gibt auch grüne Sorten mit violetten Spitzen, sie sind ebenfalls sehr aromatisch.

Grüner Spargel Er wächst nicht unter, sondern über der Erde und kann durch die Lichteinstrahlung Chlorophyll für die grüne Farbe bilden. Er lässt sich fix vorbereiten und hat einen intensiven Geschmack. Zart und fein ist der dünne Thai-Spargel, ganz dünn und herrlich aromatisch der seltene Wildspargel.

Ran an den Spargel!

Der Spargel ist gekauft, die Sauce dazu ausgesucht. Jetzt gilt es nur noch zu wissen, wie man die Stangen sachgerecht schält und wie die einzelnen Garmethoden funktionieren.

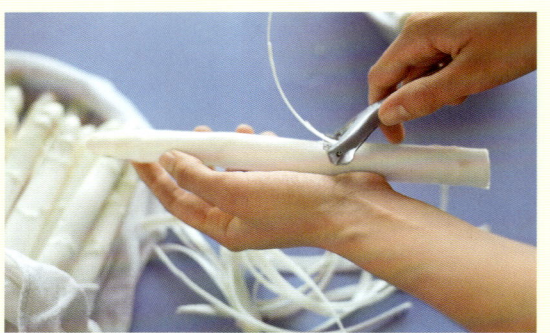

Weißen Spargel vorbereiten Sehr wichtig ist, ihn gut, also ausreichend zu schälen. Halten Sie die Stangen am Kopf mit Daumen und Zeigefinger fest, und setzen Sie den Sparschäler oder ein sehr scharfes Messer etwa 2 cm unterhalb der Spitze an. Ziehen Sie nun die Schale Streifen für Streifen von oben nach unten ab und zwar so, dass die Stangen am oberen zarteren Ende etwas weniger geschält werden als im unteren Teil. Zum Schluss von dem Stangenende noch etwa 1 cm abschneiden.

Grünen Spargel vorbereiten Er ist zarter als der weiße und hat keine harte Schale. Schneiden Sie nach dem Waschen erst einmal das Stangenende großzügig ab. Geht das ganz leicht, ist der Spargel jung und frisch und das Schälen ist unnötig. Spüren Sie einen deutlichen Widerstand, muss die Spargelstange im unteren Drittel wie weißer Spargel gründlich geschält werden.

Spargel kochen Wasser und Salz reichen eigentlich aus, um die Stangen zu kochen. Viele schwören auf eine Prise Zucker im Wasser, andere auf etwas Butter für ein feines Aroma. Beides ist delikat, muss aber nicht sein. Wer nicht möchte, dass die Spitzen weicher werden als die Stangen, nimmt einen Spargelkochtopf, in dem die Stangen stehend garen, und die Spitzen aus dem Wasser ragen. Garzeiten: weißer Spargel braucht um die 15 Min., grüner um die 7 Min. – Garprobe mit dem Messer machen!

Spargel braten und grillen Zum Braten weißen Spargel nach dem Vorbereiten entweder leicht schräg in feine Scheiben schneiden oder der Länge nach halbieren oder vierteln. Den Spargel in Butter, Öl oder einer Mischung aus beidem bei mittlerer Hitze braten. Er braucht 6–8 Min. Grüner Spargel wird entweder klein geschnitten oder auch mal im Ganzen gebraten – dann braucht er 7–8 Min. Unter den heißen Grillschlangen ist grüner Spargel in etwa 10 Min. gar, weißer braucht um die 15 Min.

Spargel dämpfen und dünsten In Dampf gart Spargel sehr sanft. Legen Sie die Stangen in den Dämpfeinsatz (mehr als 1 kg passen nicht hinein) und dämpfen Sie ihn über kochendem Wasser oder Sud zugedeckt bei starker Hitze. Weißer Spargel braucht etwa 12 Min., grüner etwa 6 Min. Gedünstet wird mit wenig Fett und Flüssigkeit bei Mittelhitze: weißer Spargel etwa 12 Min., grüner etwa 8 Min.

Spargel aus der Folie Eine Garmethode, bei der der Spargel ohne Flüssigkeit auskommt und seinen Geschmack optimal bewahrt. Ein Stück Alufolie mit der glänzenden Seite nach oben ausbreiten. 1 kg vorbereitete Spargelstangen daraufgeben, mit Salz, Pfeffer und eventell etwas Zitronenschale würzen, mit ein paar Butterflöckchen (2 EL auf 1 kg) belegen oder mit Olivenöl beträufeln (4 EL auf 1 kg), verschließen. Spargel bei 180° (Umluft 160°) backen: weißen etwa 45 Min., grünen nur etwa 30 Min.

Vorspeisen und Suppen

Ganz entspannt vorbereiten, blitzschnell garen oder auch mal rasch nur aufwärmen – Spargel ist so vielseitig, dass man ihn als kalte oder warme Vorspeise, als bunten Salat oder als cremig-leichte Suppe genießen kann. Besonders fein: in festlichem Gewand als elegante Vorspeise präsentiert wie hier.

Fischcarpaccio mit Spargelstreifen

250 g weißer Spargel (möglichst dicke Stangen)
2 Stängel Zitronenmelisse
1 kleines Stück rote Chilischote
1 EL Balsamico bianco
½ TL Honig
Salz
Pfeffer
6 EL Olivenöl
300 g sehr frisches Wolfsbarsch- oder Lachsfilet
1 TL Anislikör nach Belieben (z. B. Sambuca)

Für 4 Personen | ⏲ 40 Min. Zubereitung
Pro Portion ca. 320 kcal, 11 g EW, 29 g F, 3 g KH

1 Den Spargel waschen, schälen und die Enden abschneiden. Die Stangen der Länge nach mit dem Sparschäler oder dem Gurkenhobel (mit Finger-schutz) in hauchfeine Scheiben schneiden.

2 Zitronenmelisse waschen und trockenschütteln. Die Blättchen mit dem Chilistück fein hacken. Essig mit Honig, Salz, Pfeffer und 3 EL Olivenöl verrühren. Zitronenmelisse und Chili unterrühren und die Marinade unter die Spargelscheiben heben.

3 Vier Teller mit etwas Olivenöl bestreichen. Den Fisch mit einem scharfen Messer in hauchdünne Scheiben schneiden und auf den Tellern auslegen. Übriges Öl nach Belieben mit dem Anislikör ver-rühren, mit Salz und Pfeffer würzen und auf den Fischscheiben verstreichen. Spargel durchmischen, abschmecken und auf dem Fisch anrichten.

VARIANTE – MIT GEGARTEM SPARGEL
Fein schmeckt der Spargel auch, wenn Sie ihn vor dem Servieren ganz kurz in eine heißen Pfanne oder im Wok schwenken.

gut vorzubereiten | vegetarisch

Grüner Spargelflan mit Paprikatatar

Fein-aromatisch und saftig-zart zugleich – dieser Flan ist der ideale Einstieg in ein festliches Frühlingsmenü, mit dem Sie Ihre Gäste so richtig verwöhnen können.

Für den Spargelflan
500 g grüner Spargel
2 Schalotten
2 EL Butter
Salz | 1 Stück Bio-Zitronenschale
2 Eier (Größe M)
4 EL Sahne
3 EL frisch geriebener Parmesan
1 Prise Chilipulver
Für das Paprikatatar
1 rote Paprikaschote
Salz | 1 Stück frischer Ingwer (etwa 1 cm)
1 EL Balsamico bianco oder Apfelessig
½ TL rosenscharfes Paprikapulver
2 EL Raps- oder Olivenöl

Für 4 Personen |
🕔 30 Min. Zubereitung | 30 Min. Backen
Pro Portion ca. 240 kcal, 9 g EW, 20 g F, 5 g KH

1 Den Spargel waschen, falls nötig schälen und die Enden abschneiden. Jetzt die Spargelköpfe abschneiden und die Stangen in etwa 2 cm lange Stücke teilen. Schalotten schälen und klein würfeln.

2 Butter in einem Topf zerlassen (einen kleinen Rest zurückbehalten), Spargel und Schalotten darin kurz andünsten. 2 EL Wasser dazugeben, Spargel salzen und zugedeckt bei schwacher Hitze in etwa 10 Min. weich dünsten. Abkühlen lassen, dann fein pürieren. Den Backofen auf 170° vorheizen.

3 Die Zitronenschale fein hacken. Das Spargelpüree mit Eiern, Sahne und Parmesan verrühren. Zitronenschale untermischen und die Masse mit Salz und Chili abschmecken.

4 Vier hitzefeste Förmchen (je etwa 180 ml Inhalt) mit übriger Butter ausstreichen, die Spargelmasse einfüllen. Förmchen in eine ofenfeste Form stellen und so viel heißes Wasser in die Form gießen, dass die Förmchen etwa zur Hälfte darin stehen. Flans im Ofen (unten, Umluft 150°) etwa 30 Min. backen. Aus dem Wasser heben, lauwarm abkühlen lassen.

5 Die Paprikaschote waschen, halbieren, putzen und klein würfeln. Mit 1 EL Wasser und Salz in einem Topf zugedeckt bei schwacher Hitze 2–3 Min. dünsten. In eine Schüssel umfüllen. Ingwer schälen und sehr fein hacken. Mit Essig, Salz, Paprikapulver und Öl zu den Paprikawürfeln geben, durchrühren.

6 Die Flans mit einem Messer vom Rand der Form lösen und vorsichtig auf Teller stürzen. Paprikatatar daneben anrichten. Wer mag, reicht Weißbrot oder knusprigen Toast dazu.

VARIANTE – SPARGELMOUSSE
Spargel wie beschrieben mit den Schalotten und 2 EL Wasser 10 Min. dünsten. Pürieren, mit Zitronenschale, Salz, Pfeffer und Muskat abschmecken. 3 Blatt weiße Gelatine einweichen, tropfnass bei schwacher Hitze auflösen und unter das Püree mischen. 250 g Sahne steif schlagen, mit ½ EL fein gehackter Zitronenmelisse unterheben. 3–4 Std. kalt stellen, dann Nocken abstechen.

fruchtig | gelingt leicht

Spargel mit Apfel-Senf-Sauce

1 kg weißer Spargel
Salz
4 Frühlingszwiebeln
1 säuerlicher Apfel
4 EL Rapsöl
1 TL Zucker
2 TL Zitronensaft
Pfeffer
2 EL Apfelessig
1 EL süßer Senf
8 Scheiben roher Schinken
4 Scheiben gekochter Schinken

Für 4 Personen | ⏱ 25 Min. Zubereitung
Pro Portion ca. 475 kcal, 24 g EW, 24 g F, 12 g KH

1 Den Spargel waschen, schälen und die Enden abschneiden. Spargel in Salzwasser in etwa 15 Min. bissfest garen.

2 Inzwischen die Frühlingszwiebeln waschen, putzen und mit dem knackigen Grün in feine Ringe schneiden. Den Apfel schälen, vierteln, vom Kerngehäuse befreien und klein würfeln. 1 EL Öl erhitzen, den Apfel darin andünsten. Mit dem Zucker bestreuen und bei mittlerer Hitze 2–3 Min. braten. Mit Zitronensaft ablöschen, salzen und pfeffern.

3 Übriges Öl mit Apfelessig und Senf verrühren. Zwiebelringe und Apfel untermischen, mit Salz und Pfeffer abschmecken. Den Spargel abtropfen lassen und mit je 2 Scheiben rohem und 1 Scheibe gekochtem Schinken auf Tellern anrichten, die Sauce darauf verteilen. Warm servieren.

für Gäste | macht was her

Spargel mit Lachs, Rucola und Bärlauch

750 g weißer Spargel | Salz
150 g Kirschtomaten
1 Bund Rucola
½ Bund Bärlauch (ersatzweise Rucola)
400 g Lachsfilet | 1 Bio-Zitrone
Pfeffer | 1 TL Ahornsirup
4 EL Olivenöl

Für 4 Personen | ⏱ 30 Min. Zubereitung
Pro Portion ca. 350 kcal, 23 g EW, 26 g F, 5 g KH

1 Den Spargel waschen, schälen und die Enden abschneiden. Jetzt die Spargelköpfe abschneiden und die Stangen in etwa 5 cm lange Stücke teilen. Stangenstücke in Salzwasser 5 Min. kochen, die Spitzen dazugeben, weitere 5–8 Min. garen.

2 Inzwischen die Tomaten waschen und vierteln. Den Rucola und Bärlauch verlesen, waschen und trockenschleudern. Die groben Stängel abzwicken und gößere Blätter kleiner schneiden, auf Tellern auslegen. Den Lachs in mundgerechte Stücke schneiden. Zitrone heiß waschen, eine Hälfte in Scheiben schneiden, die andere auspressen.

3 Spargel aus dem Sud heben und warm halten. Zitronenscheiben in den Sud geben, mit Salz und Pfeffer abschmecken und den Lachs darin zugedeckt bei schwacher Hitze 2 Min. ziehen lassen. 2 EL Zitronensaft mit 2 EL Spargelsud, Ahornsirup, Salz und Pfeffer verrühren, Öl unterschlagen. Lachs aus dem Sud heben, mit dem Spargel und den Tomaten auf den Tellern anrichten. Alles mit dem Dressing beträufeln.

für Gäste | festlich

Kaninchenfilet und Spargel mit Kernöl

Fein gewürzt und zart gebraten geht das helle Kaninchenfleisch mit dem aromatischen grünen Spargel und dem tiefgrünen Kernöl eine ideale Verbindung ein.

1 Bio-Orange
2 Zweige Thymian
2 Knoblauchzehen
2 EL trockener Sherry
4 EL Olivenöl
4 Kaninchenfilets (je etwa 100 g)
700 g grüner Spargel
Salz
¼ Bund Zitronenmelisse
4 EL Kürbiskernöl
Pfeffer
2 EL Kürbiskerne

Für 4 Personen
◎ 30 Min. Zubereitung | 2 Std. Marinieren
Pro Portion ca. 445 kcal, 26 g EW, 34 g F, 8 g KH

1 Die Orange heiß waschen und die Schale fein abreiben, den Saft auspressen. Thymian waschen, trockenschütteln und die Blättchen abstreifen. Knoblauch schälen und mit dem Thymian sehr fein hacken. Orangenschale mit Thymian, Knoblauch, Sherry und 2 EL Öl zu einer Marinade verrühren.

2 Die Kaninchenfilets von den Sehnen befreien und mit der Marinade in einen Plastikbeutel füllen. Gut verschließen und etwa 2 Std. im Kühlschrank marinieren. Beutel dabei ab und zu umdrehen.

3 Dann den Spargel waschen, falls nötig schälen und die Enden abschneiden. Die Spargelköpfe abschneiden und die Stangen in etwa 5 cm lange Stücke teilen. Salzwasser zum Kochen bringen. Spargelstücke darin etwa 3 Min. garen. Spitzen zufügen und alles weitere 3–4 Min. garen, bis der Spargel bissfest ist. Abschrecken, abtropfen lassen.

4 Zitronenmelisse waschen, trockenschütteln und die Blättchen in Streifen schneiden. Kernöl mit dem Orangensaft verrühren, salzen und pfeffern. Kürbiskerne in einer Pfanne ohne Fett bei mittlerer Hitze unter Rühren leicht rösten.

5 Übriges Olivenöl in einer Pfanne erhitzen. Die Kaninchenfilets salzen, pfeffern und bei mittlerer Hitze im Öl etwa 7 Min. braten, dabei immer wieder wenden. Die Filets kurz ruhen lassen, dann leicht schräg in Scheiben schneiden. Mit dem Spargel auf Tellern anrichten, mit der Kernölsauce beträufeln und mit den Kürbiskernen bestreuen.

UND DAZU?
Vinschgauer oder Roggenbrötchen, aber auch Laugenbrezen passen gut.

VARIANTE – SPARGEL UND GARNELEN MIT CHILI
Den Spargel wie beschrieben vorbereiten und garen. Für die Sauce 1 rote Chilischote waschen und in feine Ringe schneiden, 4 Knoblauchzehen schälen und in Scheiben teilen. 2 EL Zitronensaft mit 1 TL mittelscharfem Senf und 4 EL Olivenöl gut verrühren, salzen. Weitere 2 EL Olivenöl erhitzen, 250 g geschälte rohe Garnelen darin bei mittlerer Hitze 1 Min. braten. Chili und Knoblauch 1 Min. mitbraten. Spargel und Garnelen auf Tellern verteilen und mit dem Zitronenöl beträufelt servieren.

asiatisch | gelingt leicht

Spargel-Tempura auf Spinatsalat

Knackiger Spargel in knusprigem Teig auf angenehm frischem und scharf gewürztem Salat serviert – einfach überzeugend gut!

je 250 g weißer und grüner Spargel | 150 g Tempura-Mehl (aus dem Asia-Laden) | 150 g zarter Spinat | 1 kleines Bund Radieschen | 3 Stängel Koriander | 3 EL Reisessig | 3 EL Sojasauce | 2 TL Wasabi-Paste (japanischer Meerrettich aus der Tube, aus dem Asia-Laden) | 4 EL Sesamöl | Salz | ¾ l Öl zum Frittieren

Für 4 Personen | 🕐 45 Min. Zubereitung
Pro Portion ca. 405 kcal, 8 g EW, 28 g F, 32 g KH

1 Spargel waschen, schälen und die Enden abschneiden. Die Spargelköpfe abschneiden und die Stangen in 6–8 cm lange Stücke teilen. Das Mehl nach Packungsangabe mit Wasser anrühren.

2 Den Spinat verlesen und von den dicken Stielen befreien, waschen und trockenschleudern. Radieschen waschen, putzen und in dünne Scheiben

schneiden. Koriander waschen, trockenschütteln und fein schneiden. Spinat mit Radieschen und Koriander mischen und auf vier Tellern verteilen.

3 Den Essig mit der Sojasauce und dem Wasabi verrühren, das Sesamöl unterschlagen und die Sauce mit Salz abschmecken. Das Öl zum Frittieren erhitzen. Den Spargel portionsweise durch den Teig ziehen und im Öl in etwa 4 Min. knusprig-braun frittieren. Auf einer dicken Lage Küchenpapier abfetten lassen. Den Spargel auf dem Spinatsalat anrichten, mit der Sauce beträufeln und servieren.

AUSTAUSCH-TIPP

Statt der asiatischen Sauce auch mal 1 EL Preiselbeeren (aus dem Glas) mit 2 TL mittelscharfem Senf, 4 EL Gemüsebrühe, 1 EL Zitronensaft und 2 EL Rapsöl verrühren. Salzen, pfeffern und über dem Spargel verteilen.

Spargeltatar mit Käse

500 g Spargel | 2 Frühlingszwiebeln | ½ Bund
Basilikum | 1 EL Zitronensaft | 3 EL Olivenöl |
2 EL Walnuss- oder Haselnussöl | Salz | Pfeffer |
2 EL gehackte Haselnusskerne | 4 kleine runde
Ziegenkäse (je etwa 45 g)

Für 4 Personen | ⏱ 20 Min. Zubereitung
Pro Portion ca. 315 kcal, 12 g EW, 28 g F, 3 g KH

1 Den Spargel waschen, schälen und die Enden
abschneiden. Spargel in Stücke schneiden und im
Blitzhacker hacken. Frühlingszwiebeln waschen,
putzen und mit Basilikumblättern fein schneiden.

2 Zitronensaft mit 2 EL Olivenöl und 1 ½ EL Nussöl
mixen, Spargel und Zwiebeln untermengen, salzen,
pfeffern. Haselnüsse im übrigen Nussöl anrösten.

3 Backofengrill anheizen. Käse in einer feuerfesten
Form mit übrigem Olivenöl bepinseln, im Ofen (zu
den Grillschlangen 10 cm Abstand) 5 Min. bräunen.
Tatar, Käse und Nüsse auf Teller anrichten.

Marinierter Spargel

1 kg grüner Spargel | Salz | 1 Zitronenscheibe |
2 Lorbeerblätter | 2 TL frische grüne Pfefferkörner
(ersatzweise eingelegte Körner aus dem Glas) |
2 EL Weißweinessig | 4 EL Rapsöl | je 1 TL rosen-
scharfes und edelsüßes Paprikapulver

Für 4 Personen
⏱ 15 Min. Zubereitung   2 Std. Marinieren
Pro Portion ca. 155 kcal, 5 g EW, 1 g F, 7 g KH

1 Den Spargel waschen, falls nötig schälen und
die Enden abschneiden. Wasser mit Salz, Zitronen-
scheibe und Lorbeerblättern zum Kochen bringen.
Den Spargel darin in 6–7 Min. bissfest garen.

2 Pfefferkörner waschen und grob hacken. Essig
mit 4 EL Spargelsud und dem Öl verrühren, mit Salz
und Paprika abschmecken, den Pfeffer unterrühren.
Spargel aus dem Wasser heben, auf einer Platte
anrichten und mit der Marinade begießen, 2 Std.
ziehen lassen. Mit frischem Weißbrot servieren.

cremig & zart

Spargel-Eier-Salat

4 Eier (Größe M)
1 kg weißer Spargel | Salz
1 Stück Salatgurke (etwa 250 g)
1 Bund Bärlauch (ersatzweise zarter
Blattspinat oder Feldsalat)
4 Sardellenfilets in Öl | 1 EL Kapern
50 g saure Sahne | 2 EL Balsamico bianco
2 TL Honigsenf
4 EL Rapsöl | Pfeffer
Salatblätter zum Anrichten

Für 4 Personen | ⏱ 35 Min. Zubereitung
Pro Portion ca. 265 kcal, 13 g EW, 8 g F, 7 g KH

1 Die Eier in Wasser in 8–10 Min. hart kochen, abschrecken und abkühlen lassen. Inzwischen den Spargel waschen, schälen und die Enden abschneiden. Die Spargelköpfe abschneiden und die Stangen in 4–5 cm lange Stücke teilen. Spargelstücke in Salzwasser 5 Min. kochen, die Spitzen dazugeben und alles weitere 5–8 Min. garen. Abgießen und abtropfen lassen.

2 Gurke schälen und in kleine Würfel schneiden. Den Bärlauch waschen, trockenschütteln und fein schneiden. Sardellenfilets abtropfen lassen und mit den Kapern hacken.

3 Eier pellen und halbieren. Eigelbe herauslösen und fein zerdrücken, mit saurer Sahne, Balsamico und Senf verrühren. Öl untermischen und die Sauce mit Salz und Pfeffer würzen. Das Eiweiß fein hacken und mit Spargel, Gurke, Bärlauch, Sardellen und Kapern unter die Sauce mischen, abschmecken. Auf den Salatblättern anrichten.

exotisch | macht was her

Spargel-Mango-Salat

500 g grüner Spargel
Salz | 1 rote Zwiebel
1 Mango | 1 Bio-Limette
1 rote Chilischote
2 TL Ahornsirup
2 EL Rapsöl
½ Bund Basilikum

Für 4 Personen | ⏱ 25 Min. Zubereitung
Pro Portion ca. 130 kcal, 3 g EW, 1 g F, 15 g KH

1 Den Spargel waschen, falls nötig schälen und die Enden abschneiden. Spargelköpfe abschneiden und die Stangen in 2–3 cm lange Stücke teilen. Salzwasser zum Kochen bringen, die Spargelstücke darin 3 Min. garen. Die Spargelspitzen dazugeben und alles in weiteren 3–4 Min. bissfest kochen. Abschrecken und abtropfen lassen.

2 Zwiebel schälen und fein würfeln. Die Mango schälen, das Fruchtfleisch vom Stein abschneiden und 1 cm groß würfeln. Limette heiß waschen und die Schale abreiben, Saft auspressen. Chilischote waschen, entstielen und mit den Kernen in feine Ringe schneiden.

3 Limettensaft und -schale mit Ahornsirup, Salz, Chili und Öl verrühren. Spargel, Zwiebel und Mango mit der Salatsauce mischen und abschmecken. Die Basilikumblättchen abzupfen und aufstreuen.

FESTLICHE VARIANTE
250 g geschälte rohe Garnelen in 1 EL Öl rundherum etwa 1 Min. braten. Dann mit Salz und Pfeffer würzen und auf dem Salat anrichten.

Grundrezept | gelingt leicht

Spargelcremesuppe mit Kerbel

Eine cremige und leichte Suppe, die ihre Bindung durch Kartoffeln und ihr besonderes Aroma durch den frühlingsfrischen Kerbel bekommt.

500 g weißer Bio-Spargel
⅛ l trockener Weißwein
Salz | 1 Prise Zucker
150 g mehlig kochende Kartoffeln
1 EL Butter | 1 Handvoll Kerbel
100 g Sahne
1 Eigelb (Größe M)
Pfeffer

Für 4 Personen | ⏱ 45 Min. Zubereitung
Pro Portion ca. 175 kcal, 4 g EW, 12 g F, 9 g KH

1 Den Spargel waschen, schälen und die Enden abschneiden. Enden und Schalen aufheben. Die Spargelköpfe abschneiden und die Stangen in etwa 2 cm lange Stücke teilen.

2 Wein und 800 ml Wasser mit Salz und Zucker in einem Topf zum Kochen bringen. Die Spargelschalen und -enden darin zugedeckt bei mittlerer Hitze etwa 20 Min. kochen. Den Sud durch ein Sieb gießen und wieder in den Topf geben.

3 Spargelspitzen im Sud in 3–4 Min. bissfest kochen, mit dem Schaumlöffel herausheben und abtropfen lassen (Bild 1).

4 Inzwischen Kartoffeln schälen, waschen, klein würfeln. Butter in einem Topf schmelzen lassen, Kartoffeln und Spargelstücke darin andünsten (Bild 2). Mit dem Spargelsud aufgießen und alles zugedeckt bei mittlerer Hitze in etwa 10 Min. weich köcheln lassen. Das Gemüse in der Brühe fein pürieren.

5 Den Kerbel waschen, trockenschütteln und ohne die groben Stängel sehr fein hacken. Die Sahne mit dem Eigelb gut verquirlen, unter die heiße Suppe rühren. Die Suppe nicht mehr kochen lassen!

6 Die Spargelsuppe mit Salz und Pfeffer würzen. Spargelspitzen in der Suppe erwärmen, ganz zum Schluss den Kerbel unterrühren.

UND DAZU?
Am besten frisch geröstetes, knuspriges Toastbrot mit auf den Tisch stellen. Eventuell auch Toastbrot würfeln, in Butter bräunen und auf die Suppe streuen.

SCHARFE SUPPEN-VARIANTE
Spargel wie beschrieben vorbereiten und garen. Dabei Wein durch Wasser ersetzen, statt Kartoffeln 100 g Glasnudeln nehmen (mit dem Spargelsud zugeben), Spargel mit 2 zerkrümelten getrockneten Chilischoten in 1 EL Öl anbraten. Statt der Sahne Kokosmilch verwenden und das Eigelb weglassen. Die Suppe mit etwas Limettensaft und Koriandergrün nach Gusto verfeinern.

GUT ZU WISSEN
Ob man Spargelschalen nun zum Kochen einer Brühe verwenden soll oder nicht, ist Geschmackssache. Manche meinen, die Schalen enthalten zu viel Schadstoffe, andere behaupten, sie machen die Suppe bitter. Wir finden, sie bringen viel Aroma! Selbst wenn man ein paar Schadstoffe mehr abbekommt, die Spargelsaison ist kurz und man isst das Gemüse nicht allzu oft. Und: Der leichte Bitterton der Schalen gehört zum Spargel und macht die Suppe noch würziger.

1

2

3

vegetarisch | für Gäste

Parmesansuppe mit grünem Spargel

500 g grüner Spargel
Salz | 2 Schalotten
2 EL Butter
1 TL getrockneter Thymian
50 g Milch- oder Risottoreis
100 ml Noilly Prat, trockener Weißwein
oder Gemüsebrühe
150 g Sahne
100 g frisch geriebener Parmesan
Pfeffer

Für 4 Personen | ⊕ 25 Min. Zubereitung
Pro Portion ca. 340 kcal, 14 g EW, 23 g F, 15 g KH

1 Den Spargel waschen, falls nötig schälen und die Enden abschneiden. Spargelköpfe abschneiden und die Stangen in etwa 1 cm lange Stücke teilen.

2 800 ml Wasser mit Salz zum Kochen bringen. Spargel darin etwa 4 Min. zugedeckt köcheln lassen. In ein Sieb abgießen, Spargelsud auffangen.

3 Die Schalotten schälen und klein würfeln. Die Butter zerlassen, Schalotten mit Thymian darin andünsten. Reis kurz mitgaren, Spargelsud, Noilly Prat, Wein oder Brühe angießen und alles offen etwa 10 Min. bei mittlerer Hitze kochen lassen.

4 Spargelbrühe durch ein Sieb in einen anderen Topf gießen. Sahne untermischen, Parmesan unter Rühren in der Suppe schmelzen lassen. Suppe mit Salz und Pfeffer abschmecken, den Spargel darin erwärmen. Gleich servieren.

für heiße Frühlingstage

Gekühlte Spargelsuppe

500 g weißer Spargel | Salz
2 Scheiben Toastbrot
1 kleine Salatgurke (etwa 150 g)
100 g Sahne | etwa 1 EL Weißweinessig
1 EL Rapsöl
Pfeffer | 1 TL rosenscharfes Paprikapulver
½ Bund Schnittlauch
150 g Räucherlachs oder geräuchertes
Forellenfilet

Für 4 Personen
⊕ 20 Min. Zubereitung | 1 Std. Kühlen
Pro Portion ca. 265 kcal, 14 g EW, 16 g F, 9 g KH

1 Den Spargel waschen, schälen und die Enden abschneiden. Die Spargelköpfe abschneiden und die Stangen in etwa 2 cm lange Stücke teilen. Mit 400 ml Wasser und Salz zum Kochen bringen und zugedeckt in 8–10 Min. weich garen. In ein Sieb abgießen, Sud auffangen. Spargel abkühlen lassen.

2 Inzwischen Toastbrot entrinden und in etwas Spargelsud einweichen. Die Gurke schälen, längs halbieren und die Kerne herauskratzen. Gurke in Würfel schneiden und mit Spargel, Brot, Sahne, Essig und Öl fein pürieren. Mit etwa ¼ l Spargelsud verdünnen. Die Suppe mit Salz, Pfeffer und Paprika abschmecken und mindestens 1 Std. kühl stellen.

3 Schnittlauch waschen, trockenschütteln und in Röllchen schneiden. Den Räucherlachs in Streifen schneiden oder das Forellenfilet in Stücke zupfen. Suppe nochmals abschmecken und mit Schnittlauch und Fisch garniert servieren.

Saucen zum Spargel

Viele schwören auf Spargel mit leicht gebräunter Butter. Andere essen ihn mit Olivenöl. Doch wenn man die Spargelsaison so richtig ausnutzen will, kann auch mal was anderes mit auf den Teller kommen. Zum Spargel passen viele Saucen, ob eine warme Hollandaise oder eine mediterrane kalte Sauce wie diese hier.

Petersilien-Basilikum-Sauce

2 Scheiben Toastbrot
je 1 Bund Petersilie und Basilikum
2 Sardellenfilets in Öl (nach Belieben)
2 EL Kapern | 2 Knoblauchzehen
½ Bio-Zitrone | 50 ml Öl
Salz | Pfeffer

Für 4 Personen | ⏱ 15 Min. Zubereitung
Pro Portion ca. 95 kcal, 1 g EW, 7 g F, 5 g KH

1 Toastbrot in lauwarmem Wasser einweichen. Die Kräuter waschen, trockenschütteln und ohne die groben Stängel fein hacken.

2 Sardellenfilets nach Belieben und die Kapern sehr fein zerkleinern. Knoblauch schälen und durch die Presse drücken. Zitronenhälfte heiß waschen und die Schale fein abreiben, den Saft auspressen.

3 Das Brot ausdrücken und mit Sardellenfilets, Kapern, Kräutern und Knoblauch im Blitzhacker oder mit dem Pürierstab fein zerkleinern. Zitronenschale, 1 EL Zitronensaft und das Öl unterrühren, die Sauce mit Salz und Pfeffer pikant abschmecken.

UND DAZU?
Die Sauce passt zu grünem und zu weißem Spargel, besonders wenn er in der Folie gegart oder gegrillt wurde. Perfekte Ergänzung: gebratener Lachs.

ÜPPIGE VARIANTEN
Reichhaltiger wird die Sauce, wenn Sie 2 hart gekochte Eier pellen, fein würfeln und mit 2 EL Crème fraîche oder Mayonnaise unterrühren. Oder Sie hacken ein paar in Öl eingelegte, getrocknete Tomaten und mischen sie unter die Sauce.

asia-würzig | cremig

Limetten-Honig-Sauce

1 Bio-Limette | 1 cm frischer Ingwer | ½ Bund Basilikum | 150 ml Gemüsebrühe | ½ EL Honig | 2 EL Öl | 70 g kalte Butter | Salz | Cayennepfeffer

Für 4 Personen | ⏱ 10 Min. Zubereitung
Pro Portion ca. 150 kcal, 0 g EW, 15 g F, 3 g KH

1 Die Limette heiß waschen und die Schale fein abreiben, Saft auspressen. Ingwer schälen und durch die Knoblauchpresse drücken. Basilikumblättchen abzupfen und fein hacken.

2 Gemüsebrühe mit Ingwer, Limettensaft, Honig und Öl in einem Topf kräftig aufkochen. Die Butter würfeln und mit dem Schneebesen unterschlagen. Limettenschale unterrühren, Sauce mit Salz und Cayennepfeffer abschmecken und zum Schluss das Basilikum untermischen.

Passt zu: gekochtem und gedünstetem weißen oder grünen Spargel.

italienisch inspiriert | gelingt leicht

Balsamico-Honig-Sauce mit Chili

200 ml Aceto balsamico | 1 EL Honig | ½ TL Chilipulver | 1 EL Crème fraîche | Salz

Für 4 Personen | ⏱ 10 Min. Zubereitung
Pro Portion ca. 40 kcal, 0 g EW, 2 g F, 7 g KH

1 Den Balsamico mit Honig und Chilipulver in einem Topf bei mittlerer bis starker Hitze offen in etwa 8 Min. auf die Hälfte einkochen lassen. Dabei ab und zu umrühren.

2 Die Crème fraîche mit dem Schneebesen unterschlagen und die Sauce mit wenig Salz würzen. Heiß oder lauwarm servieren.

Passt zu: weißem, aber auch zu grünem Spargel, entweder gekocht oder in der Folie zubereitet.

Ebenfalls fein: Die Sauce abgekühlt unter Erdbeeren und Spargelstücke mischen und als Salat essen.

Leichte Käsesauce mit Pinienkernen

2 EL Pinienkerne | 2 Schalotten | 1 EL Butter |
⅛ l Gemüsebrühe | ⅛ l Milch | 125 g Sahne |
100 g milder Gorgonzola | 100 g frisch ge-
riebener Parmesan | Salz | Pfeffer

Für 4 Personen | 🕐 15 Min. Zubereitung
Pro Portion ca. 275 kcal, 8 g EW, 25 g F, 4 g KH

1 Die Pinienkerne in einer Pfanne ohne Fett bei
mittlerer Hitze unter Rühren goldgelb rösten, bei-
seite stellen. Die Schalotten schälen, fein würfeln.

2 Butter zerlassen und und die Schalotten darin
andünsten. Brühe, Milch und Sahne angießen und
offen bei mittlerer Hitze etwa 5 Min. köcheln lassen.
Den Gorgonzola würfeln und mit dem Parmesan
unter Rühren bei schwacher Hitze in der Sahne-
milch schmelzen lassen. Mit Salz und Pfeffer
abschmecken, Pinienkerne aufstreuen.

Passt zu: gekochtem grünen Spargel.

Würzige Anis-Sabayon

3 sehr frische Eigelbe (Größe M) | Salz | Pfeffer |
50 ml Anislikör (z. B. Sambuca, ersatzweise
Prosecco oder Weißwein) | 100 ml Gemüsefond |
1 TL Zitronensaft

Für 4 Personen | 🕐 10 Min. Zubereitung
Pro Portion ca. 75 kcal, 2 g EW, 5 g F, 4 g KH

1 Das Eigelb mit Salz, Pfeffer, Anislikör und Fond
in einer Metallschüssel verrühren. Die Schüssel ins
heiße Wasserbad setzen und die Eigelbmasse mit
den Quirlen des Handrührgeräts in etwa 3 Min.
dickflüssig und cremig aufschlagen.

2 Die Sabayon mit Salz, Pfeffer und dem Zitronensaft abschmecken und sofort servieren.

Passt zu: gekochtem grünen Spargel und weißem
Spargel aus der Folie.

Grundrezept mit feiner Note

Limetten-Vanille-Hollandaise

Der Klassiker schlechthin zu frisch gekochtem weißen Spargel – hier mal in einer besonders aromatischen und dabei schön frischen Variante.

200 g Butter
1 Vanilleschote
1 Bio-Limette
3 Eigelbe (Größe M)
Salz | Pfeffer
1 Prise Chilipulver
½ TL Honig oder Ahornsirup

Für 4 Personen | ⏱ 15 Min. Zubereitung
Pro Portion ca. 430 kcal, 3 g EW, 46 g F, 1 g KH

1 Butter würfeln und in einem Topf bei schwacher Hitze schmelzen lassen. Neben dem Herd stehen lassen, bis die Molke auf den Topfboden absinkt.

2 Die Vanilleschote der Länge nach aufschlitzen, das Mark mit dem Messerrücken herauskratzen. Die Limette heiß waschen und die Schale fein abreiben. Eine Limettenhälfte auspressen.

3 Warmes Wasser in einem weiten Topf auf den Herd stellen und bei schwacher Hitze warm halten, aber nicht zu heiß werden lassen. Das Eigelb mit Limettensaft und -schale, Vanillemark und 50 ml Wasser in einer Metallschüssel verquirlen und im warmen Wasserbad dickschaumig schlagen (Bild 1). Das dauert etwa 5 Min.

4 Butter unter ständigem Schlagen erst tropfenweise, dann in einem dünnen Strahl unter die Eigelbmasse rühren. Dabei vorsichtig nur so viel Butter in die Creme gießen, dass die weiße Buttermolke im Topf bleibt (Bild 2).

5 Die Sauce mit Salz, Pfeffer, Chili und Honig oder Ahornsirup abschmecken und warm in einer vorgewärmten Sauciere servieren.

UND DAZU?

Die Hollandaise passt zu gekochtem oder gedämpftem weißen und grünen Spargel – am besten gemischt. Sie schmeckt aber auch zu Spargel aus der Folie sehr fein.

PANNEN-TIPP

Damit eine Hollandaise gut gelingt, darf das Eigelb beim Schlagen nicht zu heiß werden, sonst gerinnt es und die Sauce flockt aus. Also das Wasserbad immer auf mittlerer Hitze halten und keinesfalls kochen lassen. Am besten neben den Herd ein Kännchen mit kaltem Wasser stellen, das man bei Bedarf sofort zum Abkühlen in den Wassertopf schütten kann.

AUSTAUSCH-TIPP

Die Vanille und Limette weglassen, dafür ½–1 TL fein abgeriebene Bio-Zitronenschale nehmen und die Hollandaise mit etwas Honigsenf abschmecken.

VARIANTE – TOMATEN-HOLLANDAISE

1 Tomate überbrühen, häuten, entkernen und würfeln. Mit 2 EL trockenem Weißwein in einem Topf in 5–10 Min. musig einkochen lassen, durch ein Sieb streichen und mit 1 EL Tomatenmark verrühren. Mit dem Eigelb verrühren, dann wie beschrieben schaumig schlagen. Die Hollandaise mit Salz, Pfeffer, ein bisschen Honig und den fein gehackten Blättchen von 1 kleinen Bund Basilikum verfeinern. Am besten zu grünem Spargel servieren.

1

2

3

schön würzig | gelingt leicht

Bärlauch-Schinken-Sahne

100 g Bärlauch (ersatzweise Rucola
oder Blattspinat)
200 g Sahne
4 Frühlingszwiebeln
100 g gekochter Schinken
2 EL Butter
100 ml Noilly Prat, trockener Weißwein
oder Gemüsebrühe
Salz | Pfeffer
3 TL Zitronensaft

Für 4 Personen | ⏲ 15 Min. Zubereitung
Pro Portion ca. 255 kcal, 7 g EW, 22 g F, 3 g KH

1 Den Bärlauch waschen, trockenschütteln und fein hacken. Mit der Sahne im Blitzhacker oder in der Küchenmaschine fein zerkleinern.

2 Die Frühlingszwiebeln waschen, putzen und mit dem knackigen Grün in feine Ringe schneiden. Den Schinken ohne den Fettrand fein würfeln. Butter zerlassen und die Zwiebelringe mit dem Schinken darin andünsten. Mit Noilly Prat, Wein oder Brühe ablöschen und 1–2 Min. aufkochen lassen.

3 Bärlauchsahne angießen und aufkochen. Mit Salz, Pfeffer und dem Zitronensaft abschmecken.

UND DAZU?
Grüner Spargel passt ebenso gut wie weißer, der allerdings farblich zur grünen Sauce noch attraktiver ist.

GUT ZU WISSEN
Obwohl der Bärlauch mit dem Blitzhacker zerkleinert wird, müssen Sie ihn vorher hacken. Er wickelt sich sonst um die Schneidemesser und bleibt faserig.

cremig | preiswert

Kartoffel-Kerbel-Sauce

250 g mehlig kochende Kartoffeln
Salz
2 Frühlingszwiebeln
1 Handvoll Kerbel
100 g Sahne
200 ml Milch
2 EL Butter
Pfeffer

Für 4 Personen | ⏲ 20 Min. Zubereitung
Pro Portion ca. 185 kcal, 4 g EW, 14 g F, 11 g KH

1 Die Kartoffeln schälen, waschen und würfeln. In Salzwasser zum Kochen bringen und zugedeckt bei mittlerer Hitze in etwa 10 Min. weich garen.

2 Inzwischen Frühlingszwiebeln waschen, putzen und mit dem knackigen Grün sehr fein hacken. Den Kerbel verlesen, waschen, trockenschütteln und ebenfalls hacken. Die Sahne steif schlagen.

3 Das Kochwasser von den Kartoffeln abgießen. Kartoffeln mit dem Kartoffelstampfer zerdrücken, Milch und Butter untermischen und erhitzen. Mit dem Pürierstab leicht aufmixen. Zwiebeln, Kerbel und Sahne unterheben und die Sauce mit Salz und Pfeffer abschmecken. Sofort servieren.

UND DAZU?
Am besten mit gekochtem weißen und grünen Spargel und rohem Schinken genießen.

AUSTAUSCH-TIPP
Statt Kerbel, den man meist nur auf größeren Märkten bekommt, können Sie auch Basilikum, Rucola oder Dill verwenden.

lässt sich super vorbereiten

Senf-Kräuter-Sauce

½ Bund gemischte Kräuter (z. B. Sauerampfer, Petersilie, Schnittlauch, Kerbel und Dill) | 1 Knoblauchzehe | 150 g Crème fraîche | 150 g saure Sahne | 1 EL Apfelessig oder Zitronensaft | je 3 TL süßer und mittelscharfer Senf | Salz | Pfeffer

Für 4 Personen | ⏱ 10 Min. Zubereitung
Pro Portion ca. 200 kcal, 3 g EW, 19 g F, 4 g KH

1 Die Kräuter waschen und trockenschütteln, die Blättchen abzupfen und sehr fein hacken. Den Knoblauch schälen und durch die Presse in eine Schüssel drücken.

2 Crème fraîche mit saurer Sahne, Essig oder Zitronensaft und beiden Senfsorten zum Knoblauch geben und gut verrühren. Kräuter untermischen und die Sauce mit Salz und Pfeffer abschmecken.

Passt zu: weißem Spargel, und am besten Bratkartoffeln oder Ofenkartoffeln dazu reichen.

macht dem Klassiker Konkurrenz

Gurken-Remoulade

1 kleine Salatgurke (etwa 150 g) | 3 Stängel Estragon (ersatzweise Zitronenmelisse) | 1 Bio-Zitrone | 100 g Mayonnaise (aus dem Glas) | 100 g saure Sahne | 1 TL mittelscharfer Senf | Salz | Pfeffer

Für 4 Personen | ⏱ 10 Min. Zubereitung
Pro Portion ca. 160 kcal, 1 g EW, 16 g F, 3 g KH

1 Gurke waschen oder schälen, längs halbieren und die Kerne mit einem Löffel herauskratzen. Die Gurkenhälften in sehr kleine Würfel schneiden. Estragon waschen, trockenschütteln und die Blättchen fein hacken. Die Zitrone heiß waschen und die Schale fein abreiben.

2 Die Mayonnaise mit der sauren Sahne und dem Senf verrühren. Gurke, Estragon und Zitronenschale untermischen. Sauce mit Salz und Pfeffer würzen.

Passt zu: gekochtem weißen und grünen Spargel.

Scharfe Avocadosauce

Cremige Avocados, säuerlicher Joghurt und die feurige Würze der arabischen Chilipaste – zusammen ist das die ideale Beilage zu grünem Spargel, gekocht oder gedämpft.

1 Bio-Zitrone | 2 vollreife Avocados | 1 Bund Schnittlauch | 1 TL Harissa (scharfe Chilipaste aus Tube oder Glas) | 150 g Joghurt | Salz

Für 4 Personen | ⏱ 10 Min. Zubereitung
Pro Portion ca. 265 kcal, 4 g EW, 27 g F, 2 g KH

1 Die Zitrone heiß waschen und die Schale fein abreiben, eine Zitronenhälfte auspressen. Die Avocados rundherum bis zum Kern einschneiden. Die Hälften gegeneinander drehen und auseinander lösen. Vom Kern befreien und schälen. Avocadofruchtfleisch mit einer Gabel sehr fein zerdrücken und mit 1 EL Zitronensaft mischen.

2 Schnittlauch waschen, trockenschütteln und in feine Röllchen schneiden. Mit Harissa, Joghurt und der Zitronenschale unter das Avocadopüree rühren und mit Salz abschmecken.

UND DAZU?
Außer grünem Spargel frisch aufgebackenes Fladenbrot servieren.

VARIANTE – AVOCADO-MANGO-SAUCE
1 Avocado und 1 kleine Mango schälen und vom Kern befreien. Das Fruchtfleisch würfeln und mit 100 g Crème fraîche fein pürieren. Mit 2 TL Wasabi-Paste (japanischer grüner Meerrettich aus der Tube, aus dem Asia-Laden), 1/2 TL gemahlenem Kreuzkümmel und Salz würzen. Vor dem Servieren mit ein paar gehackten Korianderblättchen (Menge nach Geschmack) bestreuen. Sehr lecker zu weißem oder grünem Spargel.

GUT ZU WISSEN
Reife Avocados geben auf Fingerdruck nach. Sind sie noch hart, reifen sie schneller nach, wenn Sie sie zusammen mit Äpfeln aufbewahren.

Mit Fisch und Fleisch

Gleich zusammen zubereitet oder getrennt gegart und auf dem Teller vereint – mit Fisch und Fleisch schmeckt Spargel oft noch mal so gut. Lassen Sie sich von Spargelnudeln zu zarten Kalbsschnitzeln, einem Spargel-Zitronen-Ragout zu Fischklößchen oder diesem mediterranen Spargel zu Putenfleisch überzeugen!

Putenschnitzel mit grünem Spargel und Gorgonzola

500 g grüner Spargel | Salz
250 g Kirschtomaten | 4 Frühlingszwiebeln
200 g Gorgonzola
4 Putenschnitzel (je etwa 150 g)
Pfeffer | 1 EL Butter | 1 EL Öl

Für 4 Personen
⏲ 20 Min. Zubereitung | 10 Min. Backen
Pro Portion ca. 410 kcal, 49 g EW, 22 g F, 4 g KH

1   Den Backofen auf 220° (Umluft 200°) vorheizen. Spargel waschen, falls nötig schälen und die Enden abschneiden. Salzwasser zum Kochen bringen, den Spargel darin etwa 4 Min. garen, abgießen und kalt abschrecken.

2   Die Tomaten waschen und je nach Größe halbieren oder vierteln. Frühlingszwiebeln waschen, putzen und mit dem knackigen Grün in feine Ringe schneiden. Den Gorgonzola würfeln.

3   Putenschnitzel mit Salz und Pfeffer würzen. In einer Pfanne Butter und Öl erhitzen, Schnitzel darin bei starker Hitze pro Seite ½ Min. braten. Nebeneinander in eine feuerfeste Form legen.

4   Spargel auf die Schnitzel legen. Tomaten und Zwiebelringe mischen und darauf verteilen, mit dem Käse bestreuen. Im Ofen (Mitte) etwa 10 Min. backen, bis der Käse zerlaufen ist.

UND DAZU?

Am besten passen Kartoffeln, als Salz- oder Bratkartoffeln zubereitet.

AUSTAUSCH-TIPP

Wer den würzigen Gorgonzola nicht so gerne mag, nimmt eine mildere Sorte wie mittelalten Gouda oder auch Butterkäse. Diese Sorten ebenfalls würfeln.

macht was her | für Gäste

Schnitzelchen mit Spargelnudeln

1 kg weißer Spargel
2 Schalotten | 2 EL Butter
⅛ l trockener Weißwein oder Gemüsebrühe
600 g Rinderlende in feinen Scheiben, dünne
Kalbs- oder Putenschnitzel
Salz | Pfeffer | ¼ Bund Petersilie | 2 EL Öl
50 ml trockener Sherry oder Marsala
(ersatzweise Gemüsebrühe)
50 g Sahne | 1 TL mittelscharfer Senf

Für 4 Personen | ◎ 35 Min. Zubereitung
Pro Portion ca. 355 kcal, 35 g EW, 17 g F, 7 g KH

1   Spargel waschen, schälen und die Enden abschneiden. Die Stangen längs mit dem Sparschäler
oder dem Gurkenhobel in feine Scheiben teilen.
Schalotten schälen und in feine Streifen schneiden.

2   Butter in einem weiten Topf zerlassen, Spargel
mit Schalotten darin andünsten. Wein oder Brühe
angießen und den Spargel bei schwacher Hitze
zugedeckt etwa 8 Min. dünsten, bis er bissfest ist.

3   Fleisch mit dem Handballen flacher drücken,
salzen und pfeffern. Petersilie waschen, trockenschütteln und die Blättchen fein hacken.

4   Das Öl in einer Pfanne erhitzen. Schnitzel darin
pro Seite knapp 1 Min. bei starker Hitze braten, auf
einem Teller warm halten. Bratensatz mit Sherry
oder Marsala ablöschen, über das Fleisch geben.
Die Sahne mit Petersilie und Senf verrühren und
zum Spargel geben, salzen und pfeffern. Mit den
Schnitzelchen servieren.

mediterran | ganz einfach

Würziges Spargel-Kalbs-Ragout

700 g Kalbsschulter | 2 EL Butter
2 EL Olivenöl | 1 TL Fenchelsamen
¼ l Fleischbrühe oder trockener Weißwein
1 Knolle Fenchel | 500 g grüner Spargel
1 Bund Frühlingszwiebeln | 4 Knoblauchzehen
10 in Öl eingelegte, getrocknete Tomaten
Salz | Pfeffer

Für 4 Personen | ◎ 1 Std. Zubereitung
Pro Portion ca. 360 kcal, 46 g EW, 14 g F, 14 g KH

1   Das Fleisch von Fett und Sehnen befreien und
1 cm groß würfeln. Butter und 1 EL Öl erhitzen, das
Fleisch bei starker Hitze in zwei Portionen darin
anbraten, die Fenchelsamen dazugeben. Mit Brühe
oder Wein aufgießen und zugedeckt bei schwacher
Hitze 40 Min. schmoren lassen.

2   Inzwischen Fenchel waschen, putzen, vierteln
und in 1 cm breite Streifen schneiden. Den Spargel
waschen, falls nötig schälen und die Enden abschneiden. Spargelköpfe abschneiden, die Stangen
in 3–4 cm lange Stücke teilen. Zwiebeln waschen,
putzen und in Ringe schneiden. Knoblauch schälen
und fein hacken, die Tomaten klein würfeln.

3   Fenchel, Spargel und Zwiebeln mit Knoblauch im
übrigen Öl anbraten. Mit den Tomaten zum Fleisch
geben, salzen, pfeffern und alles noch etwa 8 Min.
schmoren, bis der Spargel bissfest ist.

AUSTAUSCH-TIPP
Statt Kalbfleisch passt auch Lammfleisch sehr gut
– ebenfalls aus der Schulter oder aus der Keule.

oben: Würziges Spargel-Kalbs-Ragout | unten: Schnitzelchen mit Spargelnudeln

edle Kost für gute Freunde

Hähnchenbrust mit Spargelfüllung

Hier kommt der würzige grüne Spargel gleich zweimal zum Einsatz – in der Füllung für das Hähnchenfilet und im cremigen Püree, das es als Beilage zum zarten Fleisch gibt.

Für die Hähnchenbrust
500 g grüner Spargel | Salz
¼ Bund Petersilie | 2 Knoblauchzehen
100 g Bergkäse oder Appenzeller
Pfeffer | 4 Hähnchenbrustfilets (je etwa 160 g)
1 EL Butter | 1 EL Öl
50 ml Hühnerbrühe | 50 g Sahne
Für das Kartoffelpüree
800 g mehlig kochende Kartoffeln
Salz | 250 g grüner Spargel
50 g Butter | Pfeffer | 200 ml Milch
Außerdem
Zahnstocher

Für 4 Personen | ⊚ 50 Min. Zubereitung
Pro Portion ca. 630 kcal, 52 g EW, 30 g F, 31 g KH

1   Den Spargel für die Hähnchenbrust waschen, falls nötig schälen und die Enden abschneiden. 2 Stangen in Salzwasser 5 Min. vorkochen, kalt abschrecken und abtropfen lassen, dann in dünne Scheiben schneiden. Die Petersilie waschen und trockenschütteln, die Blättchen fein hacken. Knoblauch schälen und durch die Presse drücken. Käse entrinden und in kleine Würfel schneiden. Mit den Spargelscheiben, der Petersilie und dem Knoblauch mischen, mit Salz und Pfeffer würzen.

2   In jedes Hähnchenbrustfilet seitlich eine Tasche einschneiden, ohne das Fleisch zu weit zu öffnen. Spargelmischung einfüllen, die Taschen mit Zahn-

stochern verschließen. Die Hähnchenfilets salzen und pfeffern. Den übrigen Spargel in 2–3 cm lange Stücke schneiden.

3   Fürs Püree Kartoffeln schälen, waschen, würfeln. In Salzwasser zum Kochen bringen und zugedeckt bei mittlerer Hitze in etwa 15 Min. weich garen. Den Spargel waschen und falls nötig schälen, Enden abschneiden. Stangen in dünne Scheiben schneiden. Die Hälfte der Butter zerlassen. Darin den Spargel bei mittlerer Hitze unter Rühren in etwa 5 Min. bissfest braten, mit Salz und Pfeffer würzen.

4   Für die Hähnchenfilets Butter und Öl in einer großen Pfanne erhitzen. Das Fleisch einlegen und die Spargelstücke dazwischen verteilen. Die Filets pro Seite 6–7 Min. bei mittlerer Hitze braten, den Spargel zwischendurch umrühren.

5   Kartoffeln abgießen, im Topf mit dem Kartoffelstampfer fein zerdrücken. Übrige Butter in Würfeln und Milch zugeben, gut unterrühren. Gebratenen Spargel untermischen, Püree salzen und pfeffern.

6   Filets und Spargel auf vorgewärmte Teller geben, warm halten. Bratensatz mit Brühe und Sahne ablöschen und leicht einkochen lassen, dann über Huhn und Spargel geben. Mit dem Püree servieren.

GUT ZU WISSEN
Mit der Wahl der Käsesorte können Sie den Geschmack der Füllung bestens beeinflussen. Gut sind auch Gorgonzola, Mozzarella oder Ziegengouda.

lässt sich super vorbereiten

Spargel-Tomaten-Gratin mit Schinken

1 kg weißer Spargel | Salz
1 EL Butter | 1 EL Mehl
½ l Milch | 250 g Kirschtomaten
150 g Schinken (roh oder gekocht)
4 Frühlingszwiebeln
100 g frisch geriebener Parmesan
Pfeffer

Für 4 Personen
⏲ 30 Min. Zubereitung | 20 Min. Backen
Pro Portion ca. 295 kcal, 26 g EW, 15 g F, 13 g KH

1 Den Spargel waschen, schälen und die Enden abschneiden. Salzwasser zum Kochen bringen, den Spargel darin zugedeckt etwa 8 Min. vorgaren. Dann mit einem Schaumlöffel in eine feuerfeste Form heben.

2 Zwischendurch den Backofen auf 200° (Umluft 180°) vorheizen. Butter schmelzen lassen, das Mehl darin goldgelb anschwitzen. Die Milch unter Rühren zugießen, die Sauce schön glatt rühren und offen bei schwacher Hitze etwa 10 Min. köcheln lassen.

3 Tomaten waschen und vierteln, den Schinken ohne Fettrand in Streifen schneiden. Die Frühlingszwiebeln waschen, putzen und samt dem knackigen Grün in Ringe schneiden.

4 Parmesan unter die Sauce rühren, mit Salz und Pfeffer würzen. Tomaten mit Schinken und Zwiebelringen mischen, auf dem Spargel verteilen, Sauce daraufgießen. Spargel im Ofen (Mitte) etwa 20 Min. backen, bis die Oberfläche schön gebräunt ist.

deftig und frühlingsfrisch zugleich

Spargel-Wurst-Pfanne

1 kg grüner Spargel
1 Bund Radieschen
1 Bund Frühlingszwiebeln
250 g rohe Bratwurst
1 EL Butter | 1 EL Öl
1 TL Kümmelsamen | Salz
Pfeffer | ½ Bund Petersilie
100 g saure Sahne

Für 4 Personen | ⏲ 40 Min. Zubereitung
Pro Portion ca. 315 kcal, 12 g EW, 26 g F, 8 g KH

1 Den Spargel waschen, falls nötig schälen und die Enden abschneiden. Spargelköpfe abschneiden und die Stangen in etwa 2 cm lange Stücke teilen. Die Radieschen waschen, putzen und vierteln. Ein paar zarte Blättchen beiseitelegen. Die Frühlingszwiebeln waschen, putzen und samt knackigem Grün in etwa 1 cm lange Stücke schneiden. Die Wurst ebenso groß schneiden.

2 Butter und Öl in einer Pfanne erhitzen. Spargel mit Radieschen und Kümmel darin unter Rühren bei mittlerer Hitze etwa 5 Min. braten. Zwiebeln und Wurst dazugeben, salzen, pfeffern und alles weitere 5 Min. braten, bis der Spargel bissfest ist.

3 Petersilie waschen, trockenschütteln und die Blättchen mit den Radieschenblättern hacken. Mit der sauren Sahne unter die Spargelpfanne rühren.

AUSTAUSCH-TIPP
Statt der Wurst schmecken auch Brätmasse in kleinen Klößchen oder Stücke von Kasseler sehr gut.

1

2

3

leicht & fruchtig

Spargel-Zitronen-Ragout mit Zanderklößchen

Die zarten Fischklößchen harmonieren besonders gut mit dem pikant-frisch abgeschmeckten Spargel – ein ideales Essen für liebe Gäste!

Für die Zanderklößchen

60 g Toastbrot
250 g Sahne
400 g Zanderfilet
Salz | Pfeffer
1 Eiweiß (Größe M)
frisch geriebene Muskatnuss
1 l Fischfond

Für das Spargel-Zitronen-Ragout

1 kg weißer Spargel
200 g kleine Schalotten
2 EL Butter | ¼ l Gemüsebrühe
1 Bio-Zitrone
1 Handvoll Kerbel oder Bärlauch
125 g Crème fraîche
Salz | Pfeffer

Für 4 Personen
🕐 1 Std. Zubereitung | 30 Min. Kühlen
Pro Portion ca. 640 kcal, 28 g EW, 45 g F, 21 g KH

1 Das Toastbrot von der Rinde befreien, würfeln und mit der Hälfte der Sahne mischen, 10 Min. stehen lassen. Inzwischen das Fischfilet eventuell von den Gräten befreien, in sehr kleine Würfel schneiden, salzen, pfeffern und mit dem Eiweiß in einer Schüssel mischen. In den Kühlschrank stellen.

2 Fisch mit dem Brot und der übrigen Sahne fein pürieren (Bild 1). Mit Salz, Pfeffer und Muskat abschmecken und nochmals 30 Min. kühl stellen.

3 Den Spargel waschen, schälen und die Enden abschneiden. Die Spargelköpfe abschneiden und die Stangen in etwa 3 cm lange Stücke teilen. Die Schalotten schälen und vierteln. Den Fischfond zum Kochen bringen.

4 Die Butter in einem Topf zerlassen und die Spargelstücke mit den Schalotten darin andünsten. Mit der Gemüsebrühe aufgießen und zugedeckt etwa 5 Min. bei schwacher Hitze dünsten. Dann Spargelspitzen dazugeben und alles etwa weitere 10 Min. dünsten, bis der Spargel bissfest ist.

5 Inzwischen von der Fischmasse mit zwei Teelöffeln kleine Klößchen abstechen, in den leise siedenden Fischfond geben und in etwa 12 Min. darin gar ziehen lassen (Bild 2).

6 Für das Ragout die Zitrone heiß waschen und die Schale fein abreiben, eine Hälfte auspressen. Kräuter waschen, trockenschütteln und fein hacken. Zitronenschale und Kräuter mit Crème fraîche zum Spargel geben. Mit Salz, Pfeffer und 1–2 TL Zitronensaft abschmecken. Auf Teller verteilen. Fischklößchen aus dem Fond heben und daraufsetzen.

UND DAZU?

Weißbrot oder körnig gekochter Reis passt sehr gut.

AUSTAUSCH-TIPP

Natürlich können Sie statt Zanderfilet auch ein anderes Fischfilet nehmen, etwa das von Lachsforelle, Hecht oder Saibling.

macht was her | gelingt leicht

Spargelrisotto mit Garnelen

500 g grüner Spargel | 1 Zwiebel
3 EL Olivenöl | 40 g Butter
400 g Risotto-Reis
1 ¼ l heiße Gemüsebrühe
½ Bio-Zitrone | 1 Bund Petersilie
2 Knoblauchzehen
250 g kleine geschälte rohe Garnelen
Salz | Pfeffer | 2 EL Crème fraîche

Für 4 Personen | ⏱ 30 Min. Zubereitung
Pro Portion ca. 645 kcal, 21 g EW, 22 g F, 88 g KH

1   Spargel waschen, falls nötig schälen und die Enden abschneiden. Spargelköpfe abschneiden, die Stangen fein schneiden. Zwiebel schälen und fein würfeln.

2   2 EL Öl mit 1 EL Butter erhitzen. Geschnittenen Spargel und Zwiebel darin andünsten. Den Reis ungewaschen dazugeben. Etwas Brühe angießen und den Reis offen bei mittlerer Hitze etwa 7 Min. garen, dabei nach und nach Brühe zugießen.

3   Dann die Spargelspitzen untermischen und den Reis in etwa 10 Min. fertig garen. Inzwischen die Zitrone heiß waschen und die Schale abschälen. Die Petersilie waschen, trockenschütteln und Blättchen mit der Zitronenschale fein hacken. Knoblauch schälen und in Scheiben schneiden.

4   Übrige Butter und restliches Öl erhitzen, die Garnelen darin 1 Min. braten. Petersilie, Knoblauch und Zitronenschale untermischen, salzen, pfeffern und mit Crème fraîche unter den Risotto rühren.

gut vorzubereiten | für Gäste

Spargel-Lachs-Lasagne

500 g weißer Spargel
500 g grüner Spargel | Salz
16 Lasagne-Nudelplatten
400 g Lachsfilet
1 Bund Bärlauch oder Rucola
½ Bio-Zitrone | 300 g Ziegenfrischkäse
150 g Sahne | Pfeffer
2 EL Pinienkerne | 4 EL Olivenöl

Für 4 Personen
⏱ 30 Min. Zubereitung | 20 Min. Backen
Pro Portion ca. 880 kcal, 45 g EW, 48 g F, 66 g KH

1   Den Spargel waschen, schälen und die Enden abschneiden. Stangen in etwa 4 cm lange Stücke teilen, diese längs halbieren. In Salzwasser 4 Min. vorkochen, herausheben, abschrecken und abtropfen lassen. Dann die Nudelplatten im Wasser in 6–8 Min. bissfest kochen, ebenfalls abschrecken.

2   Den Backofen auf 220° (Umluft 200°) vorheizen. Lachsfilet in dünne Scheiben schneiden. Bärlauch oder Rucola waschen, trockenschütteln und grob hacken. Die Zitrone heiß waschen und die Schale fein abreiben, Saft auspressen. Ziegenfrischkäse mit Sahne, 1 EL Zitronensaft, Zitronenschale und Bärlauch oder Rucola verrühren und mit Salz und Pfeffer abschmecken.

3   Nudelplatten mit Lachs, Spargel und Käsecreme lagenweise in eine feuerfeste Form schichten. Die Pinienkerne aufstreuen, Öl darüberträufeln. Die Lasagne im Ofen (Mitte) etwa 20 Min. backen, bis sie schön braun ist.

oben: Spargel-Lachs-Lasagne | unten: Spargelrisotto mit Garnelen

würzig | ideal für die Gästebewirtung

Spargel auf Fischfilets mit Haselnüssen

Kochen auf die ganz entspannte Art: Alles in Ruhe vorbereiten, dann kurz vorm Essen einfach in den Ofen schieben und sich auf einen besonderen Genuss freuen.

je 800 g weißer und grüner Spargel
Salz | 1 Bio-Limette
¼ Bund Koriandergrün
50 ml trockener Sherry oder Fischfond
1 TL Sambal oelek
1 TL Ahornsirup
4 Fischfilets (je etwa 150 g, z. B. Zander, Seeteufel oder Saibling)
100 g altbackenes Weißbrot
100 g Haselnussblättchen
2 EL Haselnussöl

Für 4 Personen
◎ 30 Min. Zubereitung | 7 Min. Garen
Pro Portion ca. 490 kcal, 41 g EW, 23 g F, 26 g KH

1 Den Spargel nach der Sorte getrennt waschen, schälen und die Enden abschneiden. Salzwasser zum Kochen bringen. Weißen Spargel einlegen und 5 Min. garen. Den grünen Spargel hinzufügen und alles weitere 4–5 Min. kochen, bis die Stangen fast gar, aber noch bissfest sind. Dann abgießen und abtropfen lassen.

2 Die Limette heiß waschen und die Schale fein abreiben, den Saft auspressen. Koriander waschen, trockenschütteln und die Blättchen fein hacken. Limettensaft mit Sherry oder Fond, Sambal oelek und Ahornsirup verrühren und mit der Limettenschale, dem Koriander und Salz abschmecken.

3 Den Backofen auf 250° (Umluft 220°) vorheizen. Die Fischfilets nebeneinander in eine feuerfeste Form legen, leicht mit Salz würzen und mit der Limettenmischung beträufeln. Den Spargel farblich abwechselnd darauflegen (wer mag, halbiert die Stangen vorher noch der Länge nach).

4 Das Brot entrinden und in kleine Stücke zupfen oder krümeln. Mit den Haselnussblättchen und dem Haselnussöl mischen, salzen und auf dem Spargel verteilen. Fisch und Spargel im Ofen (Mitte) etwa 7 Min. garen, bis die Brösel schön knusprig sind. Sofort servieren.

VARIANTE – THAI-SPARGEL AUS DER FOLIE
600 g Thai-Spargel waschen, die Enden abschneiden. Vier Stücke Alufolie auf der Arbeitsfläche ausbreiten, Spargel darauf verteilen. 4 Knoblauchzehen und 4 cm frischen Ingwer schälen und fein hacken, mit den Blättchen von 1/2 Bund (Thai-)Basilikum auf dem Spargel verteilen. Je 4 EL Teriyaki- und Sojasauce verrühren und mit Chilipulver würzen. 400 g kleine geschälte rohe Garnelen auf dem Spargel verteilen, Sauce darübergießen. Die Päckchen schließen, den Spargel im 220° heißen Backofen (Mitte, Umluft 200°) etwa 15 Min. backen.

UND DAZU?
Zum nussigen Spargel auf den Fischfilets passt am besten Weißbrot, den Thai-Spargel genießen Sie hingegen mit dünnen Reisnudeln oder mit aromatischem Basmati-Reis. Außerdem passt Gurkensalat dazu.

Spargel vegetarisch

Pur mit einer feinen Sauce, zu Nudeln oder auf Pizzateig, mit Käse und Eiern kombiniert wie in dieser Frittata, in zartem Teig gebacken oder mit anderen Gemüsen in der Pfanne gebraten – mit Spargel können sich Vegetarier und alle, die gerne mal auf Fleisch verzichten, auf die vielfältigste Weise verwöhnen.

Spargel-Frittata mit Ziegenkäse

500 g grüner Spargel
1 Bund Frühlingszwiebeln
2 Knoblauchzehen
2 EL Olivenöl
1 Bund Basilikum
150 g Ziegenfrischkäse (z. B. Ziegenrolle)
8 Eier (Größe M)
Salz | Pfeffer
2 EL Butter

Für 4 Personen | ⏲ 40 Min. Zubereitung
Pro Portion ca. 390 kcal, 24 g EW, 31 g F, 4 g KH

1 Spargel waschen, falls nötig schälen und die Enden abschneiden. Die Spargelköpfe abschneiden und die Stangen in etwa 2 cm lange Stücke teilen. Die Frühlingszwiebeln waschen, putzen und mit dem knackigen Grün in feine Ringe schneiden. Knoblauch schälen und in Scheiben schneiden.

2 Spargel mit Zwiebeln und Knoblauch im Öl unter Rühren bei schwacher Hitze etwa 5 Min. dünsten.

3 Die Basilikumblättchen in Streifen schneiden, Ziegenkäse würfeln. Eier verquirlen, mit Salz und Pfeffer abschmecken. Spargelmischung, Basilikum und Käse unterrühren.

4 Butter in einer hohen großen Pfanne schmelzen lassen. Masse einfüllen und bei schwacher Hitze in etwa 15 Min. stocken lassen. Nun auf einen Teller gleiten lassen, umgedreht wieder in die Pfanne geben und weitere 5 Min. braten. Zum Servieren die Frittata in Tortenstücke schneiden.

AUSTAUSCH-TIPP
Den Ziegenkäse können Sie durch verschiedene andere Käsesorten ersetzen. Eher mild schmecken Asiago oder Gouda, würzig ist Gorgonzola oder ein anderer Blauschimmelkäse und zart Mozzarella oder Ricotta.

italienisch inspiriert | gelingt leicht

Tagliatelle mit Spargel-Basilikum-Sahne

500 g weißer Spargel | 1 rote Zwiebel
400 g Tagliatelle | Salz
2 EL Butter | 100 ml Gemüsebrühe
150 g Sahne | 1 Bund Basilikum
1 EL Pesto (aus dem Glas)
1 TL Zitronensaft | Pfeffer
2 EL Pinienkerne

Für 4 Personen | 🕐 25 Min. Zubereitung
Pro Portion ca. 605 kcal, 17 g EW, 23 g F, 80 g KH

1 Den Spargel waschen, schälen und die Enden abschneiden. Die Spargelköpfe abschneiden und die Stangen leicht schräg in knapp 1 cm breite Stücke teilen. Die Zwiebel schälen, vierteln und in feine Streifen schneiden.

2 Für die Nudeln reichlich Wasser mit Salz zum Kochen bringen. Die Nudeln darin nach Packungsangabe al dente garen.

3 Inzwischen Butter erhitzen, den Spargel darin mit der Zwiebel andünsten. Mit Brühe und Sahne aufgießen und zugedeckt bei schwacher Hitze in etwa 7 Min. bissfest dünsten. In der Zeit das Basilikum fein schneiden. Den Spargel mit dem Pesto mischen, mit Zitronensaft, Salz und Pfeffer würzen. Die Pinienkerne ohne Fett goldgelb rösten. Nudeln abgießen, mit Spargelsahne und Basilikum vermengen und mit Pinienkernen bestreuen.

GUT ZU WISSEN
Auch grüner Spargel schmeckt in der Sauce, er ist aber schon nach 5 Min. gar.

edel | gelingt leicht

Safranspargel mit Orecchiette

1 Döschen Safranfäden (0,1 g)
⅛ l trockener Weißwein (ersatzweise Gemüsebrühe) | 800 g weißer Spargel
250 g Kirschtomaten | 2 Knoblauchzehen
2 EL Butter | ⅛ l Gemüsebrühe
Salz | Pfeffer
400 g Orecchiette (ersatzweise Farfalle)
½ Bund Basilikum

Für 4 Personen | 🕐 30 Min. Zubereitung
Pro Portion ca. 470 kcal, 16 g EW, 6 g F, 80 g KH

1 Safran zwischen den Fingern leicht zerreiben, mit dem Wein verrühren. Spargel waschen, schälen und die Enden abschneiden. Die Spargelköpfe abschneiden und die Stangen in etwa 3 cm lange Stücke teilen. Tomaten waschen und halbieren, Knoblauch schälen und in Scheiben schneiden.

2 Spargelstücke in der Butter andünsten. Knoblauch dazugeben, mit der Hälfte des Weins und der Brühe ablöschen, salzen, pfeffern und zugedeckt bei mittlerer Hitze etwa 5 Min. dünsten. Spargelspitzen mit den Tomaten und übrigem Wein untermischen, alles in weiteren 8–10 Min. bissfest garen.

3 Gleichzeitig für die Nudeln reichlich Salzwasser aufkochen. Die Nudeln darin nach Packungsangabe al dente garen. Basilikum fein schneiden. Nudeln abgießen, mit Spargel und Basilikum mischen.

AUSTAUSCH-TIPP
Statt zu Nudeln schmeckt der Safranspargel auch fein zu gebratenen Schupfnudeln oder zu gekochten Gnocchi.

saftig | schmeckt auch kalt

Spargel-Spinat-Quiche

Knuspriger Mürbeteig mit einer grünen Gemüsefüllung und einem sahnigen Eierguss – ein ideales Essen für die ganze Familie.

110 g eiskalte Butter
225 g Mehl
Salz
Pfeffer
500 g weißer Spargel
1 Knoblauchzehe
2 Frühlingszwiebeln
250 g Blattspinat
3 Eier (Größe M)
200 g Sahne
150 g frisch geriebener Parmesan

Für 4 Personen
◎ 40 Min. Zubereitung | 35 Min. Backen
Pro Portion ca. 785 kcal, 30 g EW, 54 g F, 45 g KH

1 Für den Teig Butter in kleine Stücke schneiden und mit dem Mehl, Salz, Pfeffer und etwa 4 EL eiskaltem Wasser zu einem glatten Teig verkneten.

2 Den Teig zu einer Kugel formen, zwischen zwei Lagen Klarsichtfolie rund in Größe eine Tarteform (30 cm ∅) ausrollen. Tarteform damit auskleiden, dabei einen 3 cm hohen Rand hochziehen. Den Teig in der Form 20 Min. ins Tiefkühlfach stellen.

3 Inzwischen den Spargel waschen, schälen und die Enden abschneiden. Spargelköpfe abschneiden und die Stangen in etwa 1 cm breite Stücke teilen. Knoblauch schälen und durch die Presse drücken. Die Frühlingszwiebeln waschen, putzen und mit dem knackigen Grün in feine Ringe schneiden.

4 Den Spinat verlesen, putzen, waschen und in kochendem Salzwasser zusammenfallen lassen. Abschrecken, gut ausdrücken und fein hacken.

5 Den Backofen auf 180° vorheizen. Die Eier mit der Sahne und dem Käse verrühren, leicht salzen und pfeffern. Spargel mit Spinat, Knoblauch und Zwiebelringen mischen, salzen, pfeffern und auf dem gekühlten Teig verteilen. Guss darübergießen und die Quiche im Ofen (Mitte, Umluft 160°) etwa 35 Min. backen, bis der Belag schön braun ist.

UND DAZU?
Einen kleinen gemischten Blattsalat mit ein paar Tomatenwürfeln mit auf den Tisch stellen.

MEHR LEUTE AM TISCH?
Die doppelte Menge zubereiten. Teig ausrollen und ein Backblech damit auslegen, dabei einen nur 2 cm hohen Rand hochziehen. Quiche wie beschrieben backen.

VARIANTE – SPARGEL-LACHS-QUICHE
Den Spargel wie beschrieben vorbereiten, in 3 cm lange Stücke schneiden und in kochendem Salzwasser 2 Min. vorgaren. Abtropfen lassen, mit 300 g Lachsfilet klein würfeln. Mit 1 Handvoll fein gehacktem Kerbel und der fein abgeriebenen Schale von 1 Bio-Zitrone mischen. 4 Scheiben TK-Blätterteig ausrollen und die kalt ausgespülte Tarteform damit auslegen. Die Spargelmischung darauf verteilen. 200 g Crème fraîche mit 2 TL Zitronensaft und 2 Eiern (Größe M) verrühren, salzen, pfeffern und darüber verstreichen. Die Quiche im 200° heißen Backofen (Mitte, Umluft 180°) etwa 30 Min. backen.

Spargelpizza mit Feta

Mit Teig aus dem Kühlregal ist diese Pizza eine schnelle Mahlzeit, die dabei echt was hermacht. Und die beweist, wie vielfältig Spargel tatsächlich ist.

1 ausgerollter Pizzateig auf Backpapier (400 g, Kühlregal) | 1 Dose stückige Tomaten (400 g Inhalt) | 2 Knoblauchzehen | 1 TL getrockneter Thymian | 2 EL Olivenöl | Salz | Pfeffer | 500 g grüner Spargel | 2 EL schwarze Oliven | 150 g Feta

Für 4 Personen | ⏱ 35 Min. Zubereitung
Pro Portion ca. 395 kcal, 16 g EW, 16 g F, 47 g KH

1 Den Teig auf dem Backblech ausbreiten. Den Backofen auf 250° (Umluft 220°) vorheizen. Die Tomaten in eine Schüssel füllen. Den Knoblauch schälen und dazupressen. Thymian und 1 EL Öl unterrühren und die Sauce mit Salz und Pfeffer abschmecken. Auf dem Teig verstreichen.

2 Den Spargel waschen, falls nötig schälen und die Enden abschneiden. Spargelköpfe abschneiden und die Stangen schräg in gut 1 cm breite Stücke teilen. Mit Oliven auf der Tomatensauce verteilen. Käse zerkrümeln und daraufstreuen. Mit übrigem Öl beträufeln und im Ofen (Mitte) etwa 15 Min. backen, bis der Käse schön gebräunt ist.

VARIANTE – PIZZA MIT SPARGEL UND SCHINKEN
Teig ausbreiten und mit der Tomatensauce bestreichen. 600 g weiße Spargelspitzen in Salzwasser 5 Min. vorkochen, auf der Sauce verteilen, mit 250 g Mozzarella in dünnen Scheiben belegen. Mit 2 EL Olivenöl beträufeln und wie beschrieben backen. Vorm Servieren mit 100 g Parma- oder San-Daniele-Schinken in hauchdünnen Scheiben belegen.

MEHR LEUTE AM TISCH?
Die doppelte oder dreifache Menge zubereiten. Ein Blech mit Pizza backen. Während man diese isst, die zweite Pizza in den Ofen schieben, dann die dritte backen ...

Spargel mit Eiersauce

4 Eier (Größe M) | 300 g Tomaten | 1 Bund Rucola |
250 g saure Sahne | Salz | 1 ½ kg grüner Spargel |
Pfeffer | 4 EL Olivenöl

Für 4 Personen | ⊕ 25 Min. Zubereitung
Pro Portion ca. 330 kcal, 15 g EW, 25 g F, 11 g KH

1 Die Eier in 8–10 Min. hart kochen. Die Tomaten
waschen und sehr klein würfeln, dabei Stielansätze
entfernen. Den Rucola verlesen, waschen, trockenschleudern und fein hacken. Die Eier abschrecken,
pellen und ebenfalls klein würfeln. Alles mit der
sauren Sahne mischen und mit Salz abschmecken.

2 Den Spargel waschen, falls nötig schälen und
die Enden abschneiden. Backofengrill anheizen.
Spargel mit Salz, Pfeffer und Olivenöl in einer fla-
chen feuerfesten Form mischen. In den Ofen (oben)
unter die Grillschlangen schieben und 13–15 Min.
grillen. Dabei ab und zu wenden. Die Sauce zum
heißen Spargel servieren. Dazu schmecken außerdem Pellkartoffeln oder einfach nur Brot.

Spargel-Möhren-Pfanne

1 kg weißer Spargel (ersatzweise Spargelspitzen) |
600 g junge Möhren | 2 rote Zwiebeln | 2 TL Zucker |
2 EL Butter | 200 ml Gemüsebrühe | Salz | 1 Stück
frischer Meerrettich (etwa 2 cm) | 100 g Crème
fraîche | 1 EL Schnittlauchröllchen

Für 4 Personen | ⊕ 25 Min. Zubereitung
Pro Portion ca. 230 kcal, 6 g EW, 15 g F, 16 g KH

1 Spargel waschen, schälen und die Enden abschneiden. Spargelköpfe abschneiden, Stangen in
etwa 5 cm lange Stücke teilen. Möhren schälen und
ganz lassen. Zwiebeln schälen, in Streifen schneiden.

2 Zucker mit Butter schmelzen, bis er hellbraun
ist. Spargelstücke und Möhren darin andünsten,
Zwiebeln untermischen. Brühe angießen, salzen
und alles zugedeckt etwa 5 Min. bei schwacher
Hitze garen. Spargelspitzen zugeben, in weiteren
6–7 Min. bissfest garen. Meerrettich schälen und
fein reiben. Mit Crème fraîche unter das Gemüse
rühren, mit Schnittlauch bestreut servieren.

italienischer Klassiker mal anders

Spargel-Crespelle

Dünne Pfannkuchen werden mit einer cremig-aromatischen Füllung bestückt, mit Tomatenpüree gekrönt und im Ofen goldbraun gebräunt. Gibt es etwas Besseres?

100 g Mehl
Salz
3 Eier (Größe M)
2 EL Rapsöl
150 ml Milch
500 g grüner Spargel
4 Zweige Thymian
2 Knoblauchzehen
4 EL Olivenöl
Pfeffer
250 g Ricotta
100 g frisch geriebener Parmesan
frisch geriebene Muskatnuss
500 g Tomatenpüree (Tetrapack)
Butterschmalz zum Braten

Für 4 Personen
◎ 40 Min. Zubereitung | 25–30 Min. Backen
Pro Portion ca. 630 kcal, 29 g EW, 44 g F, 28 g KH

1 Für den Teig das Mehl mit 1 kräftigen Prise Salz mischen. 2 Eier, Rapsöl und die Milch nach und nach mit dem Schneebesen unterrühren. Den Teig 30 Min. stehen lassen.

2 Inzwischen für die Füllung den Spargel waschen, falls nötig schälen und die Enden abschneiden. Die Stangen leicht schräg in etwa 1 cm breite Stücke teilen. Den Thymian waschen und trockenschütteln, Blättchen abstreifen. Knoblauch schälen und in Scheiben schneiden.

3 Spargel mit Thymian und Knoblauch in 1 EL Olivenöl unter Rühren bei schwacher Hitze 5 Min. garen. Salzen, pfeffern und abkühlen lassen.

4 Für die Pfannkuchen in einer Pfanne etwas Butterschmalz zerlaufen lassen. Mit einer Teigkelle Teig einfüllen und durch Schwenken in der Pfanne verteilen (Bild 1). Bei mittlerer Hitze 1 Min. backen, wenden und noch einmal so lange backen. Auf diese Weise aus dem Teig etwa 8 Pfannkuchen ausbacken. Den Backofen auf 200° (Umluft 180°) vorheizen.

5 Ricotta mit übrigem Ei und der Hälfte des Parmesans verrühren. Spargel untermischen, mit Salz, Pfeffer und Muskat würzen. Masse auf den Pfannkuchen verteilen (Bild 2), die Pfannkuchen aufrollen und nebeneinander in eine ofenfeste Form legen.

6 Tomatenpüree mit Salz und Pfeffer würzen und auf den Teigröllchen verteilen. Mit dem übrigen Käse bestreuen, mit restlichem Olivenöl beträufeln. Im Ofen (Mitte) 25–30 Min. backen, bis die Oberfläche schön gebräunt ist.

UND DAZU?
Ofenfrisches Weißbrot und eventuell eine kleine Schüssel Blattsalat sind die passenden Begleiter.

AROMA-PLUS FÜR DIE FÜLLUNG
Zusatzwürze bekommt die Ricotta-Spargel-Füllung durch gehackte Oliven oder eingelegte Peperoncini, durch in Öl eingelegte Tomaten oder auch noch mehr Kräuter wie Basilikum oder Petersilie. Menge ganz nach Geschmack.

angenehm scharf | fruchtig

Thai-Spargel mit Ingwer-Orangen-Sauce

600 g Thai-Spargel (etwa 3 Bund)
4 rote Zwiebeln
2 Orangen (davon 1 Bio-Orange)
3 EL Reiswein | 3 EL Sojasauce
1 EL Reisessig | 2 TL Honig
1 Stück frischer Ingwer (etwa 4 cm)
2 getrocknete Chilischoten
100 g Erdnusskerne | 5 EL Öl
Salz | 1 EL Korianderblättchen

Für 4 Personen | ⏲ 30 Min. Zubereitung
Pro Portion ca. 380 kcal, 11 g EW, 27 g F, 18 g KH

1 Spargel waschen, von den Enden befreien und quer halbieren oder dritteln. Die Zwiebeln schälen, vierteln und in 1 cm breite Streifen schneiden. Bio-Orange heiß waschen, Schale fein abreiben. Beide Orangen auspressen. Saft, Schale, Reiswein, Soja-sauce, Essig und Honig verrühren. Ingwer schälen und fein hacken, Chilischoten fein zerkrümeln.

2 Im Wok Erdnusskerne im Öl unter Rühren in etwa 1 Min. knusprig braten, herausnehmen. Den Spargel im Wok etwa 2 Min. unter Rühren braten. Zwiebeln, Ingwer und Chili dazugeben und alles weitere 2 Min. braten. Sauce angießen und kräftig aufkochen. Alles noch etwa 3 Min. garen, bis der Spargel bissfest ist. Mit Salz abschmecken und mit Koriander und Erdnüssen bestreut servieren.

UND DAZU?
Basmati-Reis oder schmale Reisnudeln, kurz in kochendem Wasser gegart, sind die perfekte Beilage.

sahnig-würzig | indisch inspiriert

Kartoffel-Spargel-Curry

1 kg weißer Spargel
500 g fest kochende Kartoffeln
2 rote Zwiebeln
1 Stück frischer Ingwer (etwa 4 cm)
200 g Tomaten | 2 getrocknete Chilischoten
4 EL Öl | 1 EL (Madras-)Currypulver
Salz | 100 g Joghurt
2 TL Garam masala (indische Gewürzmischung)

Für 4 Personen | ⏲ 30 Min. Zubereitung
Pro Portion ca. 250 kcal, 7 g EW, 14 g F, 24 g KH

1 Spargel waschen, schälen und die Enden ab-schneiden. Spargelköpfe abschneiden, Stangen in etwa 3 cm breite Stücke teilen. Kartoffeln schälen, waschen und 2 cm groß würfeln. Zwiebeln schälen und in breite Streifen schneiden. Ingwer schälen und hacken. Tomaten waschen und würfeln, dabei Stielansätze entfernen. Chilischoten zerkrümeln.

2 Öl erhitzen und die Zwiebeln darin anbraten. Spargelstücke mit Kartoffeln, Chili und Ingwer kurz mitbraten, mit dem Curry bestäuben. Mit 400 ml Wasser aufgießen, salzen und bei mittlerer Hitze zugedeckt etwa 5 Min. garen. Spargelspitzen und Tomaten zufügen und alles weitere 10–12 Min. garen, bis die Kartoffeln weich und der Spargel bissfest ist. Bei Bedarf noch etwas Wasser zugeben. Joghurt untermischen, das Curry abschmecken und mit dem Garam masala bestäuben.

UND DAZU?
Am besten Reis oder indisches Fladenbrot servieren.

oben: Kartoffel-Spargel-Curry | unten: Thai-Spargel mit Ingwer-Orangen-Sauce

Zum Gebrauch

Damit Sie Rezepte mit bestimmten Zutaten noch schneller finden können, stehen in diesem Register zusätzlich auch beliebte Zutaten wie **Eier** oder **Rucola** – ebenfalls alphabetisch geordnet und **hervorgehoben** – über den entsprechenden Rezepten.

Unsere Garantie

Alle Informationen in diesem Ratgeber sind sorgfältig und gewissenhaft geprüft. Sollte dennoch einmal ein Fehler enthalten sein, schicken Sie uns das Buch mit dem entsprechenden Hinweis an unseren Leserservice zurück. Wir tauschen Ihnen den GU-Ratgeber gegen einen anderen zum gleichen oder ähnlichen Thema um.

Liebe Leserin und lieber Leser,

wir freuen uns, dass Sie sich für ein GU-Buch entschieden haben. Mit Ihrem Kauf setzen Sie auf die Qualität, Kompetenz und Aktualität unserer Ratgeber. Dafür sagen wir Danke! Wir wollen als führender Ratgeberverlag noch besser werden. Daher ist uns Ihre Meinung wichtig. Bitte senden Sie uns Ihre Anregungen, Ihre Kritik oder Ihr Lob zu unseren Büchern. Haben Sie Fragen oder benötigen Sie weiteren Rat zum Thema? Wir freuen uns auf Ihre Nachricht!

Wir sind für Sie da!

Montag – Donnerstag: 8.00 – 18.00 Uhr; Freitag: 8.00 – 16.00 Uhr *(0,14 €/Min. aus dem dt. Festnetz/Mobilfunkpreise max. 0,42 €/Min.)
Tel.: 0180 - 5 00 50 54*
Fax: 0180 - 5 01 20 54*
E-Mail:
leserservice@graefe-und-unzer.de

P.S.: Wollen Sie noch mehr Aktuelles von GU wissen, dann abonnieren Sie doch unseren kostenlosen GU-Online-Newsletter und/oder unsere kostenlosen Kundenmagazine.

GRÄFE UND UNZER VERLAG
Leserservice
Postfach 86 03 13
81630 München

Projektleitung: Sigrid Burghard
Lektorat und Satz: Redaktionsbüro Christina Kempe, München
Layout, Typografie und Umschlaggestaltung: independent Medien-Design, Horst Moser, München
Herstellung: Petra Roth
Reproduktion: Penta Repro, München
Druck: Firmengruppe APPL, aprinta druck, Wemding
Bindung: Firmengruppe APPL, sellier druck, Freising

ISBN 978-3-8338-0328-4

4. Auflage 2011

Die Autorin

Cornelia Schinharl hat ihre Liebe zum Essen und Trinken zum Beruf gemacht. Seit vielen Jahren bringt sie ihren Erfahrungsschatz als freie Food-Journalistin und Kochbuchautorin zu Papier und hat dafür schon zahlreiche Auszeichnungen bekommen. Ihr besonderes Interesse gilt der Küche fremder Länder, allen voran Italien und Asien.

Die Fotografinnen

Ulrike Schmid und **Sabine Mader** arbeiten seit Jahren als eingespieltes Team in ihrem Foodstudio **Fotos mit Geschmack**. Inspiration finden sie auf ihren Reisen, immer auf der Suche nach ausgefallenen Requisiten. Unterstützt wurden sie von Daniel Petri (Foodstyling) und Laura Schmid (Handmodell).

Bildnachweis:

Titelfoto: Jörn Rynio, Hamburg; alle anderen: Fotos mit Geschmack.

Syndication:

www.jalag-syndication.de

Titelbildrezept:

Spargel mit Lachs und Petersilien-Basilikum-Sauce von Seite 25.

GRÄFE UND UNZER

Ein Unternehmen der
GANSKE VERLAGSGRUPPE

Kochlust pur

Die neuen KüchenRatgeber – da steckt mehr drin

Das macht sie so besonders:

- **Neue mmmh-Rezepte** – unsere beste Auswahl für Sie
- **Praktische Klappen** – alle Infos auf einen Blick
- **Die 10 GU-Erfolgstipps** – so gelingt es garantiert

Willkommen im Leben.

powered by GU

Einfach göttlich kochen und himmlisch speisen?

Die passenden Rezepte, Küchentipps und -tricks

in Wort und Film finden Sie ganz einfach unter:

www.küchengötter.de

Das passt zum Spargel

Sie lieben das edle Gemüse pur? Am besten nur mit Butter und einer Sauce? Kein Grund, auf eine feine Beilage zu verzichten, die es zudem fertig zu kaufen gibt.

Spargel ist ein herrlich aromatisches Gemüse, das deshalb auch pur sehr gut schmeckt, aber ebenso die nötige Aromakraft aufweist, um selbst neben recht pikanten Zutaten wie geräuchertem Schinken oder rauchigem Fisch zu bestehen. Hier die besten Begleiter zum edlen Gemüse.

Schinkenspezialitäten Gekochter Schinken ist mild und passt zu Spargel, wenn er beispielsweise mit einer Vinaigrette als lauwarmer Salat serviert wird oder mit einer leichten Kräutersauce. In der Regel werden aber roh geräucherte Schinkensorten zum Spargel gereicht. Edel sind echter Parma- oder San-Daniele-Schinken (am Stempel des Consortiums zu erkennen), ebenfalls sehr fein ist der spanische Serrano-Schinken. Alles immer in hauchdünne Scheiben geschnitten. Passende deutsche Schinken zum Spargel: Katenschinken, Schwarzwälder Schinken oder Lachsschinken. Eine Spezialität aus der Schweiz ist Bündner Fleisch, dem ähnlich ist Bresaola aus der italienischen Lombardei.

Zum würzigeren grünen Spargel kann man außer Schinken auch eine kräftig schmeckende Wurst wie italienische Wildschweinsalami oder die paprikascharfe Chorizo aus Spanien servieren.

Rechnen Sie bei Schinken und Wurst etwa 100 g pro Person, wenn Sie den Spargel (jeweils 500 g pro Esser) nur mit Kartoffeln oder Kratzeten und einer oder zwei Saucen anbieten.

Fisch zum Spargel Frisch gegarter Fisch passt ohnehin zu Spargel, doch auch Räucher-Spezialitäten harmonieren gut mit dem Edelgemüse. Halten Sie sich am besten an Fischsorten, die man in feine Scheiben schneiden kann wie geräucherten Lachs, Schwertfisch oder Thunfisch. Lachs schmeckt auch als Graved Lachs sehr gut. Ebenfalls fein zu den Stangen: mild geräucherte Süßwasserfische wie Renke, Saibling oder Forelle.

Kommen die kräftiger schmeckenden grünen Stangen auf den Teller, kann es auch beim Fisch ein bisschen deftiger zugehen. So passen frische Matjes sehr gut zu grünem Spargel, der in Stücken gegart und mit einer kräuterwürzigen Vinaigrette als Salat gemischt wurde. Ebenfalls lecker: in Öl eingelegte Sardellenfilets, die mit fein gehackter Petersilie, Knoblauch und etwas Chili sowie Olivenöl gemischt wurden und zum frisch gekochten Spargel serviert werden.

SERVIER-TIPP
Schinken und auch Räucherfisch entwickeln ihr Aroma besser, wenn sie nicht zu kalt sind. Also beides etwa 30 Min. vor dem Servieren aus dem Kühlschrank holen.

GANZ SCHÖN CLEVER
Wer seine Gäste so richtig verwöhnen will, kauft nicht nur eine Schinkensorte, sondern bietet eine Platte mit zwei bis drei Sorten an. Wer dazu noch ein bisschen Räucherfisch besorgt, macht seine Spargelfreunde rundum glücklich!